AF465545

ALSAC E ET BRETAGNE

LÉGION BRETONNE

COLONEL A. DOMALAIN

LIEUTENANT DE VAISSEAU.

RÉPONSE

AU GÉNÉRAL DE CATHELINEAU

PAR

LUCIEN BAULMONT,

DE MULHOUSE (HAUT-RHIN),

EX-LIEUTENANT A LA LÉGION BRETONNE,

EX-CAPITAINE COMMANDANT LA 2e COMPAGNIE DES VOLONTAIRES BRETONS

(DIVISION DE CATHELINEAU)

AU CAMP DE RAMBOUILLET.

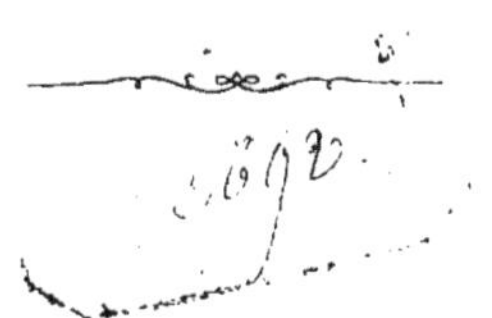

PARIS

E. DENTU, ÉDITEUR

Libraire de la Société des gens de lettres

13, GALERIE D'ORLÉANS, 13

1871

LA LÉGION BRETONNE

Je viens de lire attentivement un ouvrage nouvellement paru :

Le corps Cathelineau pendant la guerre 1870-1871,

Par le Général de Cathelineau.

Cette lecture avait d'autant plus d'attrait pour moi que je croyais y trouver l'historique impartial, juste, de la Légion Bretonne qui fut pendant plusieurs semaines la compagne d'armes de la Légion Vendéenne.

Officier au corps-franc dit *Légion Bretonne*, puis nommé capitaine commandant à la 2e compagnie des « *Volontaires bretons*, » division de Cathelineau, au camp de Rambouillet, je m'empresse de répondre à quelques lignes aigres et injustes de l'ouvrage du général, et, je crois faire acte d'équité en rétablissant dans leur vérité les faits dont j'ai été le témoin.

Dans une dépêche adressée au général Martin des Pallières, et datée d'Ingranne le 28 novembre 1870, le général de Cathelineau se plaint (p. 292), « *de ne pou-* « *voir compter d'ici à quelques jours sur le matériel de*

« *la Légion Bretonne, vraie tour de Babel, qui contient* « *des hommes de toutes les langues.* » Qu'il me soit permis de tracer simplement une esquisse rapide de cette *tour de Babel.*

La Légion Bretonne était commandée par un chef jeune, brave, organisateur. C'était le lieutenant de vaisseau Alfred Domalain.

De station en Amérique pendant la guerre de sécession, M. Domalain suivit toutes les opérations militaires des deux armées avec lesquelles son navire, « *Le Gassendi,* » se trouvait constamment en communications.

Aussi, lorsque la guerre fut déclarée, le commandant Domalain n'attendit-il pas longtemps des volontaires électrisés par l'appel suivant :

APPEL AUX ARMES

BRETONS,

LA PATRIE EST EN DANGER!

L'ennemi a envahi notre territoire et profané le sol de la France. Notre vaillante armée lutte avec une énergie héroïque, mais elle est écrasée par le nombre. Volons à son secours!

Quelles que soient les causes de nos premiers revers : plus de rancunes politiques, n'ayons qu'un seul but : LE SALUT DU PAYS.

Aussi je m'adresse avec confiance à vous tous : Républicains, Bonapartistes, Orléanistes et Légitimistes.

Vous vous souviendrez, vous, de l'énergie de vos pères; vous, des gloires de l'Empire; vous, enfin, du noble exemple que viennent de vous donner vos chefs exilés.

Aussi vous viendrez tous offrir vos bras à la Patrie.

Formons la LÉGION BRETONNE et allons porter la terreur et la mort dans les rangs de nos envahisseurs.

Toute la nation nous suivra.

Debout, *Enfants de la vieille Armorique!* allons chouanner les Prussiens!

Que pas un d'eux ne puisse se vanter, dans son pays, d'avoir souillé le nôtre!

Crions donc tous ensemble : AUX ARMES! VIVE LA FRANCE!

Alfred DOMALAIN,
Lieutenant de vaisseau, commandant la Légion Bretonne.

Rennes, 15 *août* 1870.

Enrôlement, à Rennes, à la Mairie, salle du Présidial.
Enrôlement, à

Un pareil chef était une bonne fortune pour nous; lorsque nous fûmes à même de le voir mettre en pratique ses observations sérieuses, ses ordres furent écoutés bien vite; et, bien que sa discipline fût de fer, il y avait autant de dévoûment, d'affection, que de déférence dans notre empressement à lui obéir.

La Légion Bretonne, autorisée la première de toutes, fut formée à Rennes; armée, équipée, elle partit pour l'Alsace au commencement de septembre 1870, et, après un court séjour à Belfort et à Mulhouse, des reconnaissances sur les bords du Rhin à Ottmarsheim, Chalempé, etc., elle entra immédiatement dans les Vosges, et prit position à Mont-du-Repos, le matin de la bataille de la Bourgonce.

La lutte avait été vive; le corps allemand, commandé par le général d'Eggenfeld, avait labouré de ses obus le champ de bataille, situé entre les villages de la Bourgonce, Saint-Remy, Nonpatelize. A quatre heures, un conseil de guerre réunit les commandants des divers corps; il est décidé qu'on abandonne le terrain; seul, le commandant Domalain ne cède pas à la panique générale, il garde sa position de Mont-du-Repos, s'y fortifie, intercepte toutes les voies de communication : des sapins séculaires tombent sous la hache de la 5ᵉ compagnie, formée de solides et braves Alsaciens sous le commandement du capitaine Ziegler ; de puissantes estacades empêchent toute tentative de surprise.

Ici se place un épisode........

C'était le jour du combat de la Bourgonce ; la Légion Bretonne, installée dès le matin, marche à l'action, protège à 2 heures la retraite, se retranche dans son camp et y rallie près de 4,000 de ces malheureux soldats qui avaient été envoyés au feu, exténués par la faim et par 46 heures de marche forcée. Ses ambulances soignent les blessés, et ses approvisionnements sont fraternellement distribués. Notre brave docteur était M. Rudolphi, de la maison Dollfuss-Mieg, de Dornach, dont le chef, M. Jean Dolfuss, a donné tant de preuves de cœur et de patriotisme. Il avait quitté sa maison pour nous suivre. Assistés de M. Feuillet, aide-major de la Légion Bretonne, ils se multiplient tous deux à l'envi, et tous les blessés reçoivent les soins que nécessite leur position.

Le lendemain vers midi, un détachement commandé par M. le capitaine adjudant-major de la Villeaucomte, est envoyé en reconnaissance; il parcourt et inspecte le village de la Bourgonce, s'avance sur le champ de bataille de la veille, et se trouve bientôt en présence d'un détachement de dragons : l'action s'engage vivement. Un prisonnier blessé est conduit au camp. Le fait est raconté par un journal de la Côte-d'Or, je lui cède la parole :

« Nous signalons au mépris public, à l'indignation de tous les honnêtes gens l'acte suivant. Le fait que nous rapportons n'a pas besoin de commentaires : il suffit de le dévoiler pour édifier nos populations sur la manière d'agir de nos ennemis, et pour les engager à ne pas céder à ses menaces, mais à lui résister énergiquement.

Deux jours après le combat de la Bourgonce, du 6 octobre, la Légion Bretonne occupait le Mont-du-Repos, situation importante de passage des Vosges. Elle avait fait un prisonnier. Le commandant reçut l'ordre suivant, revêtu du cachet de la municipalité :

« Monsieur le chef des francs-tireurs.

Veuillez nous rendre le Prussien que vous avez fait prisonnier, sans quoi le restant du village de Bourgonce sera brûlé par les Prussiens demain à 8 heures du matin, nous espérons avoir satisfaction de votre bonté.

Recevez, Monsieur, l'assurance, etc.

Pour le maire prisonnier,

L'adjoint délégué,

Jh. Claude.

P. S. — Ordre du général prussien : Si le dragon prussien ne nous est pas rendu pour l'heure indiquée ci-contre, le maire et les hommes pris avec lui seront fusillés et le village complètement détruit.

Pour copie conforme de l'ordre donné,

Pour le maire absent et prisonnier,

L'adjoint délégué,

Jh. Claude. »

En présence d'un ordre aussi lâche, aussi contraire au droit des gens et à toutes les lois de la guerre, dans les nations civilisées, du moins, le commandant de la compagnie n'avait qu'une réponse à faire. Voici en quels termes énergiques il l'a adressée :

« Monsieur le Général,

Je suis profondément peiné de voir un officier général oser m'envoyer un pareil ultimatum.

Je suis moi-même officier, M. le général, et officier de la marine française.

J'ai réuni dans ma patrie, la Bretagne, de braves cœurs qui sont venus à trois cents lieues de leur pays non menacé défendre l'intégralité de la France.

Je savais que vous faisiez une guerre de Vandales, mais je ne voulais pas croire que vous poussiez la cruauté aussi loin.

Nous sommes Bretons, Monsieur, nous portons sur notre drapeau la devise : *Potius mori quam fœdari,* nous n'y faillirons pas.

Si vous fusillez nos prisonniers, nous soignons les vôtres comme nous soignerions nos frères.

Vous m'avez envoyé un ultimatum que nul homme de cœur ne pourra lire sans se sentir le cœur gonflé de colère et de dégoût.

Voici à mon tour le mien.

Si vous brûlez encore une maison à la Bourgonce, si vous maltraitez les prisonniers, que vous avez pris contre le droit des gens, votre prisonnier sera pendu.

Je le regrette pour l'humanité, je le regrette pour vous, car votre nom sera voué à l'exécration du monde entier.

Quant à nous, nous avons fait le sacrifice de notre vie, et nous ne voudrions rien attendre ni de votre générosité, ni de votre merci.

Nous combattrons tant qu'un étranger foulera en vainqueur le sol de la France et voudra insulter à son malheur.

Soyez sûr qu'après nous avoir abattus par la trahison, vous

ne nous ferez pas mettre au ban des nations en nous déshonorant.

Le lieutenant de vaisseau, commandant la Légion Bretonne,

A. Domalain.

Le 9 octobre 1870.»

Nous sommes fiers en lisant cette énergique réponse de notre concitoyen aux insolentes prétentions prussiennes.

Le lieutenant Domalain, nous n'en doutons pas, saura, dans toutes les occasions, faire respecter le nom et le drapeau français comme il vient de le faire.

Tous les Bretons lui envoient félicitations et souhaits de brillants succès.

Pendant six jours consécutifs, la Légion Bretonne tient vigoureusement tête; elle protège la retraite du corps du général Dupré, blessé sur le champ de bataille, et remplacé par le général Cambriels; harcelée nuit et jour, elle lutte avec succès et ne quitte ce terrain si puissant, cette forteresse imprenable, que sur l'ordre formel du général en chef. Nous refusant tous renforts, sous prétexte que nous étions faits pour éclairer les positions et non pour les tenir, le général ne put cependant s'empêcher de nous dire, — alors que d'avant-garde, nous entrions à Remiremont, — en se découvrant devant nous, (je vois encore son crâne labouré par un éclat d'obus à Sedan) : « Honneur à la Légion Bretonne, elle a noblement rempli son devoir, je l'ai signalée à l'attention du Ministre de la guerre. Préparez-vous; dans quelques heures, j'aurai besoin de vous. »

Je ne pus dire adieu à cette position du Mont-du-Repos, sans un serrement de cœur ; nous voulions contourner d'Eggenfeld, nous emparer, et c'était facile, presque sans coup-férir, de sa faible artillerie que la topographie du site rendait impuissante. Hélas! nous étions tournés par Saint-Dié, à notre droite, et par Rambervilliers, à notre gauche; il fallut partir, obéir: c'était une faute irréparable, la clef des Vosges était abandonnée....

Je vais marcher rapidement, en franc-tireur, je n'entends pas tenir le lecteur en longue haleine, mais il faut que le général de Cathelineau sache quel est le mérite du corps qui lui a été momentanément confié, qui a fait son devoir, obéissant à ses propres inspirations, et que l'affection du général Bourbaki a choisi pour le suivre dans son suprême, héroïque et pénible effort.

Après la Bourgonce, voici Besançon. Le 19 octobre, la Légion Bretonne va occuper les hauteurs de Chatillon-le-Duc. Le 21, la compagnie du génie va poser les fournaux de mine sur le pont de Voray; elle est surprise par une pluie d'obus et de mitraille; le combat s'engage; l'action dure jusqu'à sept heures du soir; notre réserve nous rejoint et nous couchons sur le champ de bataille, à Chatillon même, nous préparant au combat du lendemain.

Il était huit heures du matin, la nuit avait été éclairée par les incendies vengeurs de la défaite de ces lâches barbares; nos pièces de montagne prennent position; elles deviennent inutiles, le jeu était fait. Une compagnie du 2e régiment de zouaves est avec nous, elle occupe la terrasse du château au pied duquel serpente l'Ognon qui promène ses méandres dans la plaine, elle a pour mission d'empêcher l'ennemi de tourner la position. L'armée ennemie, pour masquer un mouvement de retraite sur Gray et voyant que, malgré ses prévisions, la ville de Besançon ne lui était pas abandonnée, fit une fausse attaque sur nos positions ; nous ouvrons le feu, les cadavres s'entassent sur les cadavres ; et, du propre aveu des blessés que ma connaissance de la langue allemande me permettait d'interroger le lendemain à l'ambulance des sœurs de charité, les Prussiens avaient encloué, pendant la nuit, à Voray, cinq pièces de canons qu'ils craignaient de voir tomber entre les mains des « *Schwarzen Schwalben*, » des « *Hirondelles Noires*, » comme ils nommaient la Légion Bretonne, à cause de sa tenue sombre et du ruban formant éventail de son chapeau traditionnel. Il leur fallut quatre charrettes pendant un jour pour enlever leurs morts. Et, sur l'ordre qui nous en est donné, nous nous replions sur Besançon. Mont-du-Repos venait d'avoir son pendant.

Il semblait que le colonel Domalain avait, qu'on me permette l'expression, le flair de la défense ; il lisait admirablement une carte, contrairement à bien des officiers ; aussi, une fois les éclaireurs lancés, la position était vite reconnue, comprise, l'attaque enlevée et la retraite ménagée ; on sentait l'étude de l'officier du *Gassendi*.

Je n'ai pas la prétention d'écrire l'histoire complète de la Légion Bretonne ; mais je veux justifier ce corps si légèrement attaqué par le général de Cathelineau.

De Besançon, la Légion se dirige sur Dôle-du-Jura, pour rentrer en lice avec l'armée de d'Eggenfeld qui avait su l'apprécier à la Bourgonce. Sa discipline sévère, la tactique de son jeune chef, l'avaient pour ainsi dire mise à l'ordre du jour, elle s'était fait aimer ; plusieurs commandants de corps distincts s'adjoignirent à nous, se plaçant spontanément sous les ordres du colonel Domalain qu'une décision du gouvernement de la Défense nationale venait, en récompense de ses services récents, d'élever à ce grade. A Chatillon nous étions déjà 1,100 hommes. A Dôle, la Légion Bretonne se monte subitement à 1,500 hommes, c'était un hommage rendu à l'estime qu'elle s'était attirée; l'ennemi allait avoir à compter à nouveau avec elle.

Le général Garibaldi venait d'être nommé commandant en chef de l'armée des Vosges ; ses bataillons se formaient à Dôle; nous combattions tous pour la même cause, mais l'hermine de Bretagne rechampit mal sur la chemise rouge d'Aspromonte; le colonel Domalain ne crut pas devoir se soumettre aux ordres d'un étranger, d'autant plus qu'il était porteur de la pièce suivante, qu'il pouvait présenter à tous les généraux:

MINISTÈRE DE LA GUERRE.

—

CABINET DU MINISTRE.

Paris, le 10 septembre 1870.

Mon Général,

M. Domalain, lieutenant de vaisseau, se rend à Belfort, avec un corps de volontaires, chargé d'une mission spéciale.

La ministre de la guerre me charge d'avoir l'honneur

de vous prier de donner à cet officier tout le concours qu'il pourra réclamer.

Veuillez agréer, mon Général,

l'assurance de mon profond respect.

Le chef d'escadron, aide-de-camp,

Signé : BARRY.

Le colonel Domalain resta quelques jours à Dôle; n'ayant d'autre mobile que la défense du pays, il s'empressa de prévenir le sieur Bordone, chef d'état-major du général Garibaldi, qu'il fera savoir sans restriction, mais à charge de réciprocité, tous ses mouvements au commandant en chef.

Les troupes garibaldiennes étaient fort indisciplinées; leur contact devenait d'un mauvais exemple pour nos volontaires, les têtes s'échauffaient de part et d'autre, des rixes allaient devenir imminentes; le colonel Domalain, après les reconnaissances de Mont-Roland, de Germigney, etc., laissa Garibaldi se retirer à Autun; il se maintint le dernier à Dôle, et déclinant l'honneur de sa nomination au poste de général commandant la 2me brigade de Garibaldi que ce dernier ne cessait de lui offrir, il préféra rester à la tête de ses chers et dévoués Bretons, plutôt que d'être général en sous-ordre d'un étranger.

Les armées françaises et prussiennes étaient en présence sur les bords de la Loire; nous avions 19 compagnies, aguerries, rompues à la fatigue ; le colonel Domalain n'hésite pas un instant; traversant rapidement Lyon, il vient au camp de Chevilly près d'Orléans, présenter ses troupes au général Martin des Pallières. Ce dernier lui fait connaître que M. de Cathelineau venait d'être nommé au commandement supérieur des corps-francs de l'armée de la Loire. Le colonel Domalain n'avait qu'une ambition, aider de toutes ses forces à la délivrance de la patrie ; montrant l'ordre précité du Ministre de la guerre, il s'effaça et assura au général Martin des Pallières que, tant que l'affaire n'aurait pas lieu, tant que la bataille décisive ne serait pas donnée, il recevrait ses ordres par l'intermédiaire de M. de Cathelineau à la disposition duquel il se plaça. Mais il se réserva le droit de reprendre toute son indépendance, attendu que les volontaires qui s'étaient réunis à lui, avaient pris un chef de leur choix, et ne voulaient pas qu'en dehors de l'armée régulière, on vint leur imposer un commandant sans antécédents militaires, et mettre leur sort entre ses mains, quel que fût son nom et quelle que fût son honorabilité.

Le 20 novembre 1870, les Prussiens vinrent, suivant leur habitude, pour faire des réquisitions au village d'Aschères, situé à six kilomètres de Neuville (Loiret); ils trouvèrent là, à cinq heures du matin, le village occupé par la 5e compagnie bretonne, capitaine Richy, 1re et 3e du midi et 3e provençale, conduites par le colonel Domalain. Ce genre de surprises qu'on lui ménageait quelquefois n'était guère du goût de l'ennemi. La veille, il avait eu à subir de notre part une attaque vigoureuse, qui dégagea un peloton de chasseurs à cheval enveloppé par les uhlans.

Le reste de nos volontaires occupait Chilleuresaux-Bois, sous les ordres du commandant de Sambœuf.

L'étape de Chilleures à Chambon n'est pas longue, mais, dit-on, l'homme propose et Dieu dispose; l'état des routes, véritables fondrières, retarda notre marche dans la forêt; à deux heures de l'après-midi seulement, notre avant-garde, saluée par deux coups de canon de l'ennemi, atteignit, au sortir du bois, la division des Vendéens, qui acclamèrent, aux cris de « *Vive la France,* » la jonction de leurs nouveaux compagnons d'armes et l'arrivée de notre batterie de montagne.

Les Vendéens se conduisirent vaillamment dans cette journée, et, si nous n'avons pas eu l'honneur de partager leurs efforts, l'état des routes en était la seule cause. Les chemins, que l'on avait fait labourer plutôt que barricader, nous forçaient à de nombreux détours, et contrariaient notre marche pénible, inutilement mais forcément prolongée.

Nous passons la nuit au village de Chambon, et, le matin dès l'aube, notre division se met en marche pour piquer ses tentes sous bois, à deux kilomètres du bourg d'Ingrannes, désormais quartier général de M. de Cathelineau. Nous eûmes, pendant dix-sept jours, beaucoup à souffrir de la pluie et du froid; quelques symptômes de petite vérole se trahissaient déjà; la division de Cathelineau, logée au bourg chez l'habitant, était à l'abri, tandis que nous avions à subir toutes les intempéries et les rigueurs de la saison. Chaque matin, rendez-vous au poteau des huit routes; chaque soir, d'avant-poste à portée de l'ennemi; la Légion Bretonne n'a jamais été en retard lorsqu'il s'agissait du combat;

nos hommes partaient bien des fois à jeûn, joyeux, calmes, de sang-froid ; ils avaient hâte de se mesurer avec leurs adversaires. Leur attente ne fut pas longue, la bataille de Beaune-la-Rolande allait se décider.

Que M. le général de Cathelineau me permette ici d'ouvrir une parenthèse et de répondre à son injuste appréciation. A la page 214 de son livre, le général dit :

« La Légion Bretonne ne m'est arrivée qu'au nom-
« bre de 650 hommes au lieu de 1,500 annoncés, et avec
« les bagages d'une armée de 10,000 hommes ; » et il ajoute page 13 : « J'avais destiné la Légion Bretonne à
« l'occupation de Courcelles; seule entre toutes les com-
« pagnies que je commande, elle ne fut point exacte au
« rendez-vous. »

La Légion Bretonne, que M. le général de Cathelineau veut bien appeler une tour de Babel, était en effet composée d'éléments divers, mais unis par une obéissance passive et sous un joug de fer. L'artillerie, le génie, la cavalerie, ne peuvent se mouvoir sans munitions, ni vivres ; tout avait été prévu, et si notre bonne intendance, sous les ordres du capitaine Lauze, a pu étonner le général, elle n'a certes pas dû lui causer grand embarras ; c'est dans nos propres ressources que plus d'un chef de troupes a souvent puisé pour les besoins de la défense. Si l'armée française eût été ravitaillée comme nous, approvisionnée comme nous en munitions et en armes, en vêtements, que nous avons partagés bien des fois avec nos pauvres camarades dénudés, elle n'eût pas donné le navrant spectacle des haillons et du manque de cartouches.

Maintenant, quant à la note au sujet de Courcelles, *je m'inscris en faux*. Comment le général de Cathelineau peut-il nous contredire si rudement, puisqu'il *n'était pas là*, et que de son propre aveu il se trouvait à Nancray. Ce n'est qu'à minuit et demi, après le sanglant combat de la journée, que nous le rencontrons se réconfortant à Chambon; je ne lui en fais pas un reproche.

L'effectif de la Légion était réellement de 1,300 hommes à Ingrannes, et non de 650; le général n'avait vu que l'avant-garde; mais il savait fort bien que l'arrière-garde avançait rapidement, quoi qu'en disent les pages 299 et 300 de la brochure du général, qui convient cependant que « *la Légion s'est battue avec beaucoup de courage et a fait éprouver à l'ennemi des pertes très-considérables.* » (Textuel.)

C'était le 28 novembre, jour de la bataille de Beaune-la-Rolande, il était dix heures du matin, l'avant-garde entre en ligne à Courcelles à dix heures et demie; le colonel désigne les postes de combat à chaque compagnie, qui, se fortifiant dans ses positions, ouvre à coup de pioche des meurtrières dans les murs des jardins qui s'étendent sur la plaine, où l'on voit au loin la route de Pithiviers couverte des renforts prussiens; le canon gronde sur la droite; à onze heures, les premiers engagements ont lieu de notre côté. Nous sommes seuls, nous n'avons pas l'honneur de voir le général à une heure. Du reste, voici le rapport du colonel Domalain, établissant les faits dans toute leur sincérité.

RAPPORT.

Lundi matin, 28 novembre, je reçus l'ordre d'aller occuper le village de Courcelles, qui se trouve à quinze kilomètres de notre campement.

J'expédiai de suite les compagnies dont je pouvais disposer, et je fis préparer mon artillerie, composée de quatre obusiers de montagnes, dont je n'avais pas encore eu le temps de former les cadres. J'avais donné l'ordre de faire suivre mes pièces aussitôt qu'elles seraient prêtes, avec mes compagnies d'escorte.

Courcelles est un petit village, situé en plaine, à quatre kilomètres de la lisière des bois, et à la même distance des villages de Nancray et de Boynes. Je ne pouvais m'y maintenir, en cas d'attaque, qu'en barricadant les rues, en crénelant les murs et les maisons.

Aussitôt arrivé, je pris toutes mes mesures en conséquence, et donnai l'ordre de ne tirer sur aucune vedette ennemie, qu'à la dernière extrémité, afin de ne pas compromettre les mouvements de l'armée.

L'action était engagée sur notre droite depuis le matin. Nous occupions l'extrême gauche des lignes françaises ; le bruit de la canonnade se rapprochait de plus en plus de nous, nous entendions distinctement la fusillade du côté de Beaune, Saint-Michel et Bois-Commun.

L'armée française gagnait du terrain : nous avions évidemment l'avantage.

Vers onze heures et demie, j'aperçus une forte colonne qui débouchait à l'horizon par la route de Pithiviers à Boynes, et qui, en sortant de Boynes, se fit éclairer par des escadrons de cavalerie, à trois et quatre kilomètres en avant et sur ses flancs.

Ce fut alors qu'un escadron de dragons prussiens se dirigea de notre côté, s'arrrêta à environ cent mètres du moulin où se trouvait établi notre poste, et envoya un peloton d'une trentaine d'hommes, pour reconnaître le village de plus près. A vingt mètres environ du poste, un de nos tirailleurs fut aperçu, et les dragons tournèrent bride, et à ce moment seulement nos hommes commencèrent le feu.

Deux dragons tombèrent, l'un à cinquante mètres, l'autre à trois cents. Ce dernier fut emporté par les autres cavaliers.

Un cheval tué, un autre qui courait dans la plaine, et que nous avons rattrapé, enfin une dizaine de chevaux et de cavaliers que nous voyons s'en aller clopin-clopant, tel fut le résultat de cette escarmouche.

Ce fut en ce moment qu'il me fut possible de me rendre compte des forces de la colonne qui se dirigeait sur le champ de bataille comme je n'en pouvais plus douter, et non de notre côté.

J'expédiai alors une estafette à M. le colonel de Cathelineau et une autre à M. le général Martin des Pallières, pour les avertir qu'une colonne forte de huit à dix mille hommes, composée en grande partie d'artillerie et de cavalerie, se dirigeait au canon.

Vers trois heures, je me suis aperçu que l'artillerie de la colonne de renfort entrait en ligne. A partir de ce moment, nous ne gagnons plus de terrain. On me signale vers quatre heures et demie, une colonne d'infanterie de quatre à cinq mille hommes qui prenait position devant Boynes, à quatre kilomètres de nous.

Voyant le feu diminuer sur notre droite, me trouvant tout à fait en l'air, avec ma petite colonne de mille francs-tireurs et n'ayant pas de vivres pour mes hommes qui n'avaient pas mangé de la journée, je donnai l'ordre de prendre les dispositions pour nous replier à la nuit sur la forêt.

Je m'étais avancé en reconnaissance à cinq ou six cents mètres du village, sur une petite hauteur retirée du côté de Nancray, pour observer les mouvements de l'ennemi.

En revenant à Courcelles, je fus averti par les signaux du poste avancé de droite, que l'ennemi s'avançait dans la plaine. J'examinai le point indiqué et j'aperçus, à environ quatre cents mètres de moi, une colonne prussienne forte de quatre à cinq cents hommes environ, et d'un peloton de cavalerie qui s'avançait en équerre sur le flanc droit du village.

Le jour baissait, et l'ennemi s'était approché à la faveur d'un pli de terrain. Je rentrai à Courcelles au galop avec mes éclaireurs, et fis mettre tout le monde à son poste de bataille.

On vint alors me prévenir que deux autres colonnes prussiennes s'avançaient en même temps, l'une par la route de Boynes, et l'autre à gauche du village.

Je fis amener à la hâte deux obusiers de montagne, que je mis en batterie au milieu du village, en face d'une petite ruelle, et devant la colonne d'attaque de droite. Je fis pointer à 350 mètres; je commandai le feu, mais les étoupilles étant avariées, les pièces ne purent partir.

Ce fut à ce moment que les Prussiens ouvrirent le feu sur notre batterie et marchèrent résolument sur nos pièces. Comme elles nous devenaient inutiles, je les fis retirer promptement, et le feu s'ouvrit alors sur toute la ligne.

Les deux autres colonnes nous attaquèrent en même temps, et se déployèrent l'une devant la route, et l'autre sur le flanc gauche ; mais sur toute cette ligne de près de 1,500 mètres, ils furent reçus par une fusillade vive et bien nourrie.

En quelques minutes ils furent de tous côtés sur le village; on se battait presque à bout portant.

La nuit se faisait presque tout à fait.

De temps en temps de petits pelotons d'infanterie essayaient d'entrer par les ruelles et paraissaient connaître parfaitement la localité; mais toujours ils rencontraient nos baïonnettes.

Parfois à un *qui vive?* on répondait en parfait français : « France. — Ami, ne tirez pas. » — Ou bien encore : « Francs-tireurs. — Le docteur est-il là? » Mais la pointe d'un casque, ou quelquefois l'accent nous montrait la trahison, et quelques balles venaient châtier ces adversaires déloyaux.

Je signalerai aussi à l'attention du gouvernement de la Défense nationale, la présence de nombreuses balles explosibles, lancées par l'armée ennemie, et nous avions affaire cette fois à des Prussiens seulement, à de vrais Prussiens.

A dix reprises différentes, ils ont essayé de forcer l'entrée du village, à gauche, défendu par la 5e de la Légion Bretonne, capitaine Richy, ancien lieutenant de l'armée.

Cet officier a eu, pendant deux heures, à soutenir le choc d'une colonne. Il a déployé autant de courage que de sang-froid, et nous a empêchés par sa résistance opiniâtre, d'être tournés de ce côté ; si l'ennemi avait forcé un de nos points et était entré dans le village, notre position était des plus critiques.

L'officier allemand qui commandait la colonne d'attaque,

exhortait, à coups de plat de sabre, ses hommes à marcher en avant, leur disant : « Allez donc, tas de..., ce ne sont que des mobiles; » mais on attendait à vingt pas, et le feu des chassepots les forçait à reculer en désordre.

La même scène se renouvelait à peu près à l'entrée du village, dans les maisons crénelées, et derrière une voiture laissée en travers dans la route. Là se trouvaient la 1re compagnie des Bretons, ainsi que la 6e (compagnie d'Oran).

Ici nous pouvons signaler encore un trait de haute diplomatie prussienne, appliquée à l'art de la guerre. Après une charge à fond, accompagnée de hourras furieux qui venaient d'être poussés par les nôtres, l'officier prussien revient avec ses troupes en colonne de route, et commande en français : « Allons, serrez vos rangs, doublez les files, marche, » et faillit faire ainsi tomber plusieurs de nos hommes, et le lieutenant Gitton, dans ce guet-à-pens.

Sur le flanc droit du village, et près du moulin, l'affaire a été également très-chaude, et l'ennemi a éprouvé des pertes très-sérieuses.

Pendant toute l'action, le capitaine adjudant-major (de la Villeaucomte), s'est distingué par son sang-froid et son énergie. A côté de lui se sont faits remarquer le capitaine Bourde et le lieutenrnt Blanc, de la 4e compagnie des francs-tireurs Provençaux, qui ont été blessés au carrefour du centre, derrière le retranchement qui défendait les pièces.

Après deux heures et demie de combat acharné, au milieu des plaintes des blessés et des mourants qui entouraient le village, le feu de l'ennemi commença à se ralentir; puis, après deux coups de clairon, sembla s'éloigner.

Enfin, une demi-heure après, nous entendions encore quelques balles siffler à nos oreilles ; mais le bruit de l'explosion ne s'entendait plus.

Nous étions vainqueurs ; l'ennemi était en retraite, alors seulement nous avons pu nous occuper de nos blessés et relever nos morts.

Il était neuf heures du soir, nous n'avions plus de munitions, pas de vivres ; nous étions à une grande distance de l'armée, en plaine, et à quatre kilomètres des bois. Je fis mes préparatifs de départ, et, à dix heures me repliai sur Chambon, emportant nos morts et nos blessés.

La nuit nous a caché l'importance de notre succès. Le lendemain seulement nous l'avons connu, quand nous avons appris que les Prussiens, campés au nombre de quatre à cinq mille à une distance de deux kilomètres de Courcelles, étaient venus au jour demander par parlementaire à enterrer leurs morts, et que leur retraite avait été si bien une déroute, que les champs environnants étaient jonchés de fusils abandonnés sur le champ de bataille.

Je crois aussi de mon devoir, Monsieur, de vous signaler le concours intelligent et énergique que m'ont prêté le lieutenant de chasseur X..., qui commandait le peloton de cavalerie mis à ma disposition, et le capitaine des éclaireurs du 15e corps, qui est venu me rejoindre avec soixante hommes de sa compagnie, et attiré par la fusillade.

Nos pertes, bien que faibles comparées à celles de l'ennemi, sont néanmoins assez fortes : un officier tué, trois officiers blessés, dont deux très-grièvement ; un adjudant blessé, huit hommes morts et sept blessés dont quatre très-grièvement.

Je suis heureux de constater que la fin de l'action du 28, à laquelle nous avons pris part, a été comme le commencement de la journée, un succès pour nos armes ; nous avons en effet repoussé complétement l'attaque de l'ennemi à l'extrême gauche, et nous l'avons empêché de nous tourner de ce côté, et de s'opposer à la jonction de l'armée de l'Est avec l'armée de la Loire.

A. Domalain.

Je cède maintenant la place au journal la *Franche-Comté* du 2 janvier ; il suit avec attention la marche de la Légion Bretonne de Courcelles à Vierzon.

2 janvier 1871.

Le journal la *Franche-Comté,* du 14 décembre dernier, a déjà publié le rapport du brave colonel Domalain, sur sa victoire à Courcelles, près de Pithiviers, le 28 novembre, alors qu'il espérait gagner la forêt de Fontainebleau. Les revers de l'armée de la Loire ont déçu cet espoir, et le 3 décembre le colonel Domalain recevait l'ordre de quitter son camp de Sancerre, commune d'Ingrannes, quand le canon grondait dans la direction de Chilleurs, et de se diriger sur Chailly, en passant par Furry-aux-Bois.

Le lendemain 4 décembre, ordre de suivre sur Bellegarde, où, après plusieurs contre-ordres, il dut suivre sur Nesploy, et cantonner ses troupes dans ce village, à trois kilomètres de Boiscommun, où se trouvaient les Prussiens en nombre. Dans la nuit, deux courriers l'invitaient à quitter au plus tôt cette position, lui disant qu'il y allait du salut de la légion, et de retourner de suite à Ingrannes. Il était trop tard pour pouvoir le faire, ces positions étaient déjà occupées par les Prussiens.

En tacticien émérite, le colonel Domalain avait dans la soirée éclairé par lui-même et fait éclairer toutes les positions du village, et avec le sang-froid qui le caractérise, il laissa reposer sa légion jusqu'au matin.

A sept heures on partait pour Vitry-aux-Loges, en passant par Combreux. A onze heures, à l'entrée de la forêt, la 5e compagnie bretonne s'empara d'une voiture conduite par un Hanovrien chargé du service de la poste prussienne et porteur de 6,000 lettres ou dépêches.

A midi, départ pour Châteauneuf, et, passant par Saint-Benoît, la légion bretonne arrivait le soir à Sully-sur-Loire où se trouvaient les généraux Bourbaki et Billot avec toute leur armée.

Dans la nuit, le colonel Domalain dépouillait le courrier prussien qui contenait 1,300 thalers en billets de banque, quelques autres valeurs, des lettres très-curieuses et des pièces officielles de la plus haute importance, entre autres le *plan de campagne* de l'armée prussienne, leurs états de pertes, etc..... Ces documents, tous de la plus haute importance, furent remis au général Brémont, à Sully, qui promit de les faire tenir au général Bourbaki.

Le génie n'ayant pas complété les travaux de destruction du pont de Sully, le général Brémont chargea le colonel Domalain d'intercepter cette voie à l'armée prussienne. Dans la nuit du 6 au 7 décembre, une travée complète du pont suspendu était brûlée; et le 7 au matin le colonel télégraphiait comme suit au général Bourbaki :

Colonel Domalain, commandant légion bretonne,
à général Bourbaki à Gien.

« Pont de Sully intercepté après beaucoup de difficultés; hier
« au soir une travée de cent mètres complètement brûlée.

« On a signalé hier au soir deux mille hommes, infanterie et
« escadron de cavalerie, partant de Châteauneuf, se dirigeant
« route de Sully. Je pense que l'ennemi n'osera plus maintenant
« s'avancer de ce côté par Orléans. Il étendrait trop ses lignes et
« serait trop loin de son pont de retraite.

« J'ai trouvé encore dans le courrier prussien pris avant-hier
« autres documents très-importants que vous communiquerai en
« arrivant à Gien. Je pars à l'instant. »

Le soir, à trois heures, le colonel Domalain avait, à Gien, un entretien avec le général Bourbaki et lui remit les documents officiels prussiens.

Le canon se fit entendre sur ces entrefaites au-dessus de la gare; le colonel, fidèle à cette voix, s'empressa d'offrir sa légion pour marcher en avant.

Une heure après elle se mettait en marche.

Dans la nuit l'armée française battait en retraite, et l'ordre était donné au colonel Domalain de protéger la retraite de 80,000 hommes avec sa légion de 1,200 hommes et de faire sauter tous les ponts de la Loire.

Mais pendant la panique de la nuit et pendant les quelques heures de repos de son chef, les autorités militaires avaient ordonné à la légion de traverser le pont et de passer du côté du faubourg de Berry.

A quatre heures du matin on incendiait la gare qui contenait des approvisionnements considérables. A sept heures et demie le commandant du génie faisait mettre le feu aux mines du pont de Gien, mais une seule des mines agit, et le colonel qui était dans Gien, put venir rejoindre la légion qui l'attendait anxieusement. Alors il prit lui-même la direction des travaux, envoya quérir des mêches chez l'ingénieur Biard dans Gien, prit de la poudre dans les gargousses de l'artillerie et à neuf heures les deux arches principales s'effondraient dans la Loire, en présence de l'ennemi qui débouchait du côté de l'abattoir, sur la rive droite du fleuve.

La colonne prussienne fut accueillie par le feu de nos tirailleurs : elle répondit en démasquant près de l'église trois pièces de canon. Les obus et les boîtes de mitraille se succédaient, et les maisons s'écroulaient en blessant et contusionnant plusieurs des nôtres.

Mais nos tirailleurs visaient juste et les artilleurs prussiens tombaient et se remplaçaient sans oser démasquer complètement leurs pièces.

Sur les dix heures le colonel donna l'ordre à la légion bretonne de se retirer, et laissa le capitaine adjudant-major de la Villeaucomte avec trente-quatre des nôtres continuer le feu. Ces derniers, après avoir épuisé leurs munitions, se retirèrent sur les deux heures, sous la grêle des balles des Prussiens qui étaient montés dans le château, dans le clocher et dans les greniers des maisons de la rive droite, d'où ils dominaient le faubourg de Berry.

Le 8 au soir, la légion cantonnait à Blancafort, après avoir passé par Autry, et suivant l'armée à 15 ou 16 kilomètres en arrière.

Le 9 elle passait à Aubigny, à la Chapelle, et cantonnait à Ivoy-le-Pré, toujours inquiétée par l'ennemi, distant à peine de deux kilomètres.

Le 10 elle passait à Henrichemont, à Menton-Salon, et gagnait Bourges.

Grâce aux talents militaires de son chef, ainsi qu'à l'énergie et à la sollicitude de ses officiers, la Légion Bretonne a pu suivre cette retraite en bon ordre et sans trop souffrir.

Ne trouvant pas à Bourges la facilité de reposer ses hommes, le colonel Domalain les a fait cantonner d'abord à Marmagne, ensuite à Mehun, et s'est décidé à pousser jusqu'à Vierzon pour en déloger les Prussiens et prendre leur place.

Aujourd'hui la vaillante légion, son habile colonel et ses courageux officiers occupent la forêt de Vierzon, et ont probablement recommencé leurs exploits.

Nous sommes d'avis que le gouvernement de la défense nationale, reconnaissant les mérites et les talents militaires du jeune lieutenant de vaisseau, colonel de la Légion Bretonne, ferait bien de lui donner le commandement d'une brigade de 5 à 6,000 hommes. La Légion Bretonne ne tarderait pas, dans ces conditions, à être en mesure de traverser les lignes ennemies et à se faire une route directe pour Paris.

Les officiers de marine qui se trouvaient à Bourges exprimaient tous le vœu d'être attachés au corps du colonel Domalain. Leurs fusiliers marins sont presque tous bretons. Pourquoi ne pas se rendre à leur désir et les réunir à la Légion Bretonne ?

Les succès de la Bourgonce, de Mont-de-Repos, de Châtillon-le-Duc, de Courcelles, de Vitry-aux-Loges et de Gien, seraient bientôt surpassés.

A partir de Vierzon, nous avons été chargés par le général Martinot, commandant le 15e corps, de masquer entre Salbris, la Motte-Beuvron et ses environs, et autour d'Orléans, les mouvements de l'armée de Bourbaki dans l'Est; les Prussiens ne pouvaient plus faire un pas sans recevoir des coups de fusil; nous les harcelions à outrance, sans trêve ni merci; depuis Courcelles nous avions dit adieu à nos frères de Vendée, et nous sommes restés les derniers, comme le prouve l'ordre suivant :

15e CORPS D'ARMÉE.

—

2e DIVISION D'INFANTERIE.

—

ÉTAT-MAJOR.

LÉGION BRETONNE.

1009. *Réponse au rapport du 3 janvier 1871.*

La 2e division conservera avec elle, jusqu'à son départ de *Vierzon*, la Légion Bretonne qui couvre la route de *Vierzon* à *Salbris*. Cette légion s'embarquera avec la 2ᵉ division à Bourges, et rejoindra à destination la 1ʳᵉ division, à laquelle elle est attachée. Un régiment de cavalerie de la brigade d'Astugue restera aussi à Vierzon avec la 2ᵉ division, et se rendra avec elle à Bourges pour s'y embarquer.

Le général commandant la Division,
Signé: ROBILLARD.

Il ne m'appartient pas de rechercher ici les causes de nos désastres, ni d'approfondir la raison pour laquelle notre marche vers l'Est s'est effectuée avec une aussi coupable lenteur, pourquoi le général Garibaldi a laissé couper notre armée entre Dijon et Dôle, la privant ainsi de tout ravitaillement. La Légion Bretonne, appelée partout, n'a jamais faibli; toujours la première au feu, la dernière à la retraite, elle suivit alors l'armée de l'Est dans ses navrantes et douloureuses pérégrinations, et partagea sans murmurer ni se décourager, ses cruelles souffrances, ses suprêmes mais inutiles efforts; chaque fois que sonnait la retraite, ce qui arrivait malheureusement trop souvent, elle fut chargée de couvrir les mouvements des 15ᵉ, 20ᵉ et 24ᵉ corps. La Légion Bretonne, qui venait de détruire le pont de Clerval et le bac sur le Doubs, se trouvait constamment en présence de l'ennemi, l'arrêtait à chaque instant, entravait sa marche par une fusillade meurtrière, et c'est ainsi qu'en se repliant en bon ordre, elle arriva, harassée, mais non découragée, sur la lisière de la Suisse, près Pontarlier, au Fort-de-Joux.

Je n'oublierai jamais cette lugubre retraite au milieu des neiges du Jura où, sans se laisser gagner par ce découragement de tous, les Bretons, âpres et rompus à la peine, manquant de chaussures, exténués de fatigue et de faim, marchaient calmes, résignés au sacrifice de leur vie; c'est qu'ils avaient la foi et la confiance illimitée dans la valeur de leur chef que rien ne pouvait intimider, et qui partageait leur péril.

Le colonel Domalain à Vercel (Doubs), et dans un conseil de guerre, a des appréhensions funestes sur l'issue de sa marche, il craint un mouvement tournant de l'ennemi; sa résolution est vite prise, il veut s'assurer par lui-même de la situation, malgré les instances des généraux Dariès et Bressolles qui veulent s'opposer à cette reconnaissance téméraire. Rien ne peut changer sa résolution, il veut partir à tout prix; les généraux le prient alors, en l'accompagnant de leurs vœux, d'informer le général Bourbaki de leur position critique et de lui indiquer celle de l'ennemi.

Le colonel Domalain voulait savoir *de visu* si, comme on le disait, Besançon était déjà cerné; seul avec un dragon pour toute escorte, il s'élance à minuit, sans guide (en effet comment en trouver?), dans le dédale de la montagne dont les chemins sont cachés sous la neige.

Ce n'est pas sans une bien vive inquiétude que nous vîmes partir notre cher colonel, mais il ne voulait confier sa mission à personne; déjà trois cavaliers envoyés par lui dans la journée étaient tombés entre les mains des Prussiens; sa course fut heureuse, il atteignit Besançon qui n'était pas encore complétement investi, put accomplir sa mission et vit l'armée française tirer derrière la ville ses derniers coups de canon. Parti de Vercel à minuit, le colonel avait atteint Besançon à 6 heures; il en repart à 8 heures, sans son dragon qui ne put remonter à cheval, harassé par cette course de 6 heures dans un mètre de neige; il rencontre alors son officier d'ordonnance et secrétaire particulier. M. de Longeville, dont l'attachement ne lui fit jamais défaut, et qui nous fut dans ces contrées, par ses connaissances topographiques spéciales, d'un utile concours. Au bourg de Loray, situé sur la route de Pontarlier, le colonel nous rejoint à minuit; c'est un long cri de joie qui salue le retour anxieux de notre intrépide éclaireur. La légion se met aussitôt en route, elle ne connaissait plus la fatigue. Pontarlier est vite traversé.

Nous occupons rapidement les crêtes dominant, à droite et à gauche, la gorge qui aboutit aux Verrières-Suisses, tandis que le colonel va prévenir de suite le commandant du fort et l'assure que, par notre présence, les positions sont bien gardées. A plusieurs reprises, les Prussiens tentent de forcer le passage, ils sont repoussés par les canons de la citadelle et essuient à Cluse un échec formidable.

« Mes amis, nous dit le colonel dans une chaleu-
« reuse allocution, je ne connais ni armistice ni con-
« vention. Les Prussiens fusillent nos prisonniers, nous
« refusent la qualité de belligérants; je les traiterai en
« brigands. Notre position est inexpugnable; courage!
« ils ne nous délogeront pas. »

Notre héroïque défense ne peut être continuée, nous dûmes arrêter à regrets notre fusillade et nous rendre aux ordres du général Clinchant qui voulait éviter une hécatombe inutile.

Le colonel profita de cette sorte de violence qui lui fut faite pour faire entrer en Suisse, le 5 janvier, c'est-à-dire *huit jours* après l'armistice, le matériel qui fut toujours au complet pendant toute la durée de la guerre, l'artillerie et ceux des hommes dont l'état de santé et l'équipement laissaient beaucoup à désirer après cette affreuse campagne. Un journal allemand s'est occupé de nous ; sans commentaire, je lui laisse la parole.

On lit dans le journal *Thurgauer-Zeitung*, du 10 courant, l'article suivant traduit et reproduit par le *Journal de Genève* du 16 courant :

Parmi les troupes internées à Frauenfeld se trouve un détachement de francs-tireurs de la Légion Bretonne. Voici quelques détails qui nous sont communiqués par un de leurs officiers sur les circonstances qui ont amené leur retraite sur le territoire suisse.

« Après le défilé général du corps d'armée qui avait consenti à accepter l'hospitalité de la Suisse, la Légion Bretonne refusa énergiquement de déposer les armes. Le général Clinchant avait envoyé l'ordre aux francs-tireurs d'avoir à se rendre, ajoutant que la résistance la plus héroïque ne pouvait plus sauver la France, et que tout ce qu'ils pourraient faire n'aboutirait qu'à amener inutilement à la boucherie la dernière poignée de ces braves patriotes.

« Le colonel ne voulut entendre parler de rien et fit prendre position dans la montagne, entre Verrières et le fort Joux, à deux de ses compagnies commandées par le capitaine Gentille et le lieutenant Philippe. Ces 110 hommes, sous les ordres de leurs officiers, ont eu ainsi l'honneur de tirer les derniers coups contre l'ennemi. Le colonel pointait lui-même les canons et envoya à 2,200 mètres trois obus sur une maison de paysans dans laquelle un état-major allemand s'était établi. La seconde compagnie sous les ordres de son lieutenant, entretint un feu de peloton et de tirailleurs bien nourri. C'était le 4 février.

« Mais, comme ce feu pouvait mettre en péril la neutralité suisse, le général fédéral nous envoya deux parlementaires pour nous rendre attentifs, et donna à nos francs-tireurs un délai de quatre heures pour passer la frontière; passé ce délai, l'hospitalité leur serait refusée. Sur cette communication, faite dans les formes les plus bienveillantes, le colonel se décida à ordonner la retraite. Les officiers suisses reconnaissent eux-mêmes que l'entrée de cette troupe sur leur territoire a été parfaite sous le rapport de l'ordre et de la bonne tenue. »

Le colonel Domalain vient d'arriver à Bordeaux, où il s'est mis de suite à la disposition du ministre de la guerre. La majeure partie de la légion ayant réussi à échapper à l'ennemi, sans franchir la frontière, peut de nouveau entrer en ligne, et ne demande qu'à le faire. C'est donc avec infiniment de plaisir que nous avons appris que la Légion Bretonne, la première formée, puisqu'elle tient la campagne depuis le 4 septembre, non-seulement n'est pas dissoute, mais encore a reçu dans la personne de son jeune et courageux commandant l'accueil qu'elle a mérité par sa vaillante conduite devant l'ennemi.

En répondant comme je viens de le faire aux accusations du général de Cathelineau, je crois n'avoir fait que remplir un devoir. Mon humble rôle est fini.

On verra cependant par les citations suivantes que si, pendant l'insurrection communale, le général Cathelineau a formé un corps de volontaires à Rambouilllet, la Légion Bretonne et son chef en particulier, sont loin d'être restés inactifs.

LA CONTRE-RÉVOLUTION A PARIS.

Il y a trois semaines environ, les placards de la Commune, le *Journal officiel* et les feuilles acquises au brigandage du 18 mars annonçaient que des mesures exceptionnelles allaient être prises contre « les traîtres qui voulaient livrer Paris à l'armée de Versailles. »

« Tous les fils de cette intrigue ténébreuse sont entre nos mains, » ajoutaient les proclamations communeuses, « la cour martiale est saisie et justice sommaire sera faite. »

Et, à partir de ce moment, un régime de terreur commença. Les arrestations se succédèrent. Les membres de la Commune, anciens traqués de l'empire, renouvelèrent les traditions de leurs devanciers, et on ne s'abordait plus dans les rues qu'en disant :

— Es-tu du complot?

— Je ne sais pas... peut-être bien. J'attends qu'on m'arrête pour le savoir.

Et la cour martiale où trônait le colonel Razoua, où requérait le citoyen Rigault, siégeait toutes les nuits, poursuivant sans relâche les affiliés du complot, tandis que les dépêches officielles annonçaient, chaque matin, que les Versaillais avaient été repoussés sur toute la ligne.

On condamnait à droite, à gauche, à tort, à travers, et... on ne tenait pas le moindre fil du complot qu'on avait la prétention d'anéantir.

Or, le complot existait, il était très-réel, très-sérieux, très-énergiquement organisé, et si un fâcheux hasard n'avait paralysé les forces préparées sous la direction du ministre Picard et du chef du pouvoir exécutif, bien des désastres auraient été évités.

On sait ce qui s'est passé, on sait par quel admirable ensemble de mesures stratégiques Paris a été pris quartier par quartier; mais on ne sait pas ce qui devait se faire.

*
* *

Depuis près de deux mois, presque immédiatement après l'émigration qui suivit le passage à la direction de la garde nationale de l'amiral Saisset, un groupe de citoyens dévoués se mettait en rapport avec Versailles, prêt à tout risquer, à tout tenter pour faire cesser ce hideux état de choses sous lequel gémissait Paris, et pour préparer à l'intérieur les moyens de seconder et d'assurer les mesures militaires prises au dehors.

A la tête de ce mouvement, il y avait le colonel Domalain, de la Légion Bretonne, et le colonel A. Charpentier, de la garde nationale de Paris.

Munis de pleins pouvoirs par M. Thiers et M. Ernest Picard, et d'accord avec le ministre de la marine et la commission des quinze, ces deux chefs s'occupèrent surtout de paralyser dans Paris l'action communaliste sur la garde nationale. Des chefs de groupes, désignés par eux, eurent bientôt conquis à la cause de l'ordre une armée de 20,000 gardes nationaux environ.

En même temps, on s'entendait avec le commandant en second des Tuileries, avec l'inspecteur général des barricades et avec un certain nombre de chefs de l'insurrection.

On a vu que Cluseret avait été arrêté pour intelligence avec Versailles. Le fait était presque vrai. Seulement, Cluseret ne s'était pas entendu. Il ne voulait pas se rallier, il voulait se vendre, et tellement cher que cela dépassait toute invraisemblance.

C'est le refus de ses offres et le rejet de ses propositions extravagantes qui le poussèrent lui-même, irrité, à faire des révélations qui amenèrent à la fois et son arrestation par la Commune, et la découverte d'une réaction intérieure armée.

Presque le même jour, un partisan isolé, qui s'occupait avec un zèle louable de la délivrance de Paris, d'accord avec l'état-major de l'armée, se faisait arrêter.

En même temps, un autre fait se produisait. Le commandant de la caserne du Prince-Eugène, un nommé Picard, s'était rencontré avec un de ses créanciers, officier de la Légion Bretonne, et lui avait proposé de livrer, à un moment donné, la caserne aux troupes de l'ordre, moyennant une somme de dix mille francs.

L'officier demanda à réfléchir, à consulter ses chefs, et accepta un rendez-vous donné par le Picard, pour traiter définitivement, au Grand-Café-Parisien, place du Château-d'Eau.

Quand l'officier se présenta, Picard qui avait pris la précaution de lui emprunter deux cents francs d'avance, la veille, le fit arrêter.

Cette arrestation se fit dans des conditions assez pittoresques. Le Grand-Café-Parisien était rempli de gardes nationaux qui attendaient pour se ruer sur le « Versaillais » un mot d'ordre. Ce mot, Picard devait le dire.

A un certain moment, celui-ci se lève en criant :

— Garçon, un paquet de tabac.

A ce signal, tous les fédérés se levèrent et l'officier breton fut conduit d'abord à Mazas, puis devant le Comité central, puis à l'Hôtel-de-Ville, puis à Mazas... puis il a eu la chance exceptionnelle de pouvoir s'évader mercredi dernier, et c'est lui qui a fait arrêter et fusiller le Picard qui avait voulu le livrer.

* * *

On n'avait pas cru devoir fusiller cet officier ; on le gardait comme otage et on avait établi dans sa maison, rue Condorcet, une souricière, sous prétexte d'arrêter ses complices.

La souricière n'a pas servi à ce but, mais elle a permis aux communeux de dévaliser complétement l'appartement de M. F...

C'est à ce moment que le colonel Domalain envoyait à M. Thiers la lettre suivante :

Monsieur le Président,

Il est absolument nécessaire, que nous soyions prévenus vingt-quatre heures à l'avance, attendu que nous ne pouvons tenir constamment nos hommes sur le qui vive. Il est déjà difficile de tenir sous la main des hommes campés dans un même endroit, à plus forte raison est-ce difficile pour des hommes que l'on ne peut prévenir qu'avec les plus grandes précautions.

J'ai aussi l'honneur de vous prévenir que, de concert avec
je prendrai énergiquement l'initiative pour ce qu'il y aura à faire à l'intérieur de Paris en ce qui regarde les positions à prendre ou à occuper, car, au moment de l'action, il ne nous faudra ni indécision ni hésitation.

Daignez agréer, etc.

E. DOMALAIN.

Le lundi, on faisait imprimer et on tenait prête à être placardée la proclamation qu'on va lire :

Parisiens,

Le joug de la Terreur sous lequel vous êtes courbés depuis deux mois vient d'être rompu.

Les étrangers, les malfaiteurs et les illuminés vont descendre de l'autel qu'ils s'étaient élevé. Leur règne est fini.

Dans cette guerre contre nature, nous avons un devoir à remplir, nous avons un rôle tout tracé.

Nous nous étions groupés, malgré les entraves; nous avions pour but d'arrêter autant que possible l'effusion du sang, d'empêcher la guerre des rues.

Les événements de cette nuit nous ont surpris et nous ont empêchés de prendre les mesures énergiques que commandaient les circonstances.

Malgré cela, notre noyau va se réunir. Le lieu du rendez-vous est place des Victoires. Le signe de ralliement, le plus simple : un mouchoir en brassard au bras gauche.

Que les bons citoyens, qui ont assisté navrés à ces scènes de désordres, viennent nous prêter leur appui.

Que les hommes qui, poussés par le besoin, ont été obligés de prendre du service, se rallient à nous.

Nos bras leur sont ouverts.

Que les égarés viennent nous trouver, et nous serons heureux de leur tendre une main fraternelle.

Assez de massacres.

Assez de guerre civile.

Ne donnons pas plus longtemps à l'étranger le spectacle de ces luttes meurtrières, et songeons à inaugurer l'ère du travail et de la liberté qui peut seule faire reprendre à la France son rang parmi les nations de premier ordre.

C'est avec confiance que nous vous attendons.

C'est confiants dans votre courage civique que nous vous conduirons.

Vive la France! vive la paix! vive la liberté!

A. Charpentier,
Lieutenant-colonel de la garde nationale.

A. Domalain,
Lieutenant de vaisseau, colonel commandant la Légion Bretonne.

*
* *

Le plan consistait en ceci : Grâce à l'inspecteur des barricades, le sieur T.., on prenait l'avenue Victoria, la place de l'Hôtel-de-Ville ; on établissait autour de la place des Victoires une redoute terrible, armée de mitrailleuses et d'artillerie ; on désarmait les principales barricades de Paris.

Grâce au commandant en second des Tuileries, le sieur V..., on arrêtait tous les commandants du château, dont on se rendait maître sans coup férir.

Tous les groupes de gardes nationaux se formaient dans Paris au premier signal ; mais..., on le sait, ce signal ne put être donné, l'attaque ayant été faite à l'improviste.

L'action intérieure ne put se concerter avec l'action si brillamment conduite par M. le maréchal Mac-Mahon. Il est bon cependant que l'on sache, et pour l'honneur de la population parisienne, que l'on dise : que tout était prêt pour seconder l'action extérieure et que le hasard seul est cause que les groupes si bien préparés n'ont pu se former et se réunir au moment de l'assaut.

Du reste, plusieurs groupes ont donné, on a pu lire la mort héroïque du commandant Durouchoux, du capitaine Verdier, du 128e, du commandant Poulizac et de Verner, tué aux Batignolles.

*
* *

Nous pouvons compléter les renseignements qui précèdent :

Si l'attaque du dehors n'a pas coïncidé avec le mouvement intérieur préparé de concert avec M. le ministre de la guerre, c'est que, à différentes reprises, des propositions isolées avaient été faites aux autorités militaires de Versailles, propositions qui avaient abouti soit à un résultat négatif, soit à une tentative de trahison.

Plusieurs fois, d'anciens chefs de corps-francs, de volontaires partisans, avaient offert de livrer des portes, et, pour épargner l'effusion du sang, on avait accepté leurs offres. Les uns ont simplement filé, emportant les avances reçues ; les autres, après avoir traité avec Versailles, vendaient le secret à l'Hôtel-de-Ville, et, à l'heure où l'on croyait voir réussir le plan proposé, une épouvantable canonnade recevait les avant-postes de l'armée.

Nous comprenons qu'on se méfie à moins.

D'autre part, on le sait, la prise de Paris a été véritablement une surprise. Les batteries de Montretout, à un certain moment, ont fait dans les remparts une telle trouée que, tous les défenseurs ayant disparu, le mouvement en avant se fit naturellement, presque d'instinct.

*
* *

Pour bien préciser le caractère du mouvement qui se préparait dans Paris et que le hasard a entravé, citons la lettre suivante, que M. le colonel Domalain écrivait dans les premiers jours du mois de mai à M. Thiers :

Monsieur le Président,

Il ne faut pas se faire illusion sur la nature du mouvement que nous voulons opérer à Paris en ce moment.

Il ne s'agit pas seulement de faire prendre une position, une porte, par un coup de main et par des aventuriers.

C'est d'un mouvement purement politique qu'ils s'agit.

A la tête se trouvent beaucoup de gens qui sont désespérés de voir le pouvoir à Paris, et presque l'avenir de la France entre les mains d'une bande d'intrigants et d'étrangers qui n'ont qu'à gagner à un remaniement social.

Ceux qui prennent part à ce mouvement (qui ne veut être qu'une contre-révolution, une opération militaire, et non un simple complot), sont les gens honnêtes et énergiques qui restent encore à Paris. Une bonne partie de la garde nationale, qui marche actuellement avec la Commune, sera avec nous au moment de l'action ; mais il faut de l'unité dans le mouvement et dans l'organisation.

Outre les gens qui sont toujours disposés à se donner au plus fort (et ils sont nombreux dans Paris), nous pouvons disposer de plusieurs milliers d'hommes ; mais il faut se hâter, à cause de l'émigration et du désarmement.

Nous avons malgré cela des armes et des munitions en réserve.

Agréez, etc.

A. Domalain.

D'après nos renseignements particuliers, nous savons que le colonel Domalain avait fait organiser par un de ses anciens officiers, le capitaine Ziegler, un service dans les égoûts. Les hommes chargés de ce service, que la Commune croyait dévoués à sa cause, devaient, au moment donné, couper les fils télégraphiques et les fils de mine, et isoler ainsi les différents postes et empêcher de porter l'incendie dans la ville.

Dans certains quartiers, entre autres sur la rive gauche, de l'Institut jusqu'au Corps législatif, et dans le quartier de la Bourse, on a réussi à couper ces fils et, par là, à arrêter l'œuvre de destruction de ces vandales.

MM. Thiers, le général Le Flô, l'amiral Pothuau et le général Martin des Pallières, sont, croyons-nous, les hommes qui ont prêté le plus grand concours aux organisateurs de cette contre-révolution, qui avait pour but de conjurer les excès auxquels on savait que les fédérés devaient se livrer.

Nous publierons plus tard d'autres détails, voire même les noms de différents chefs de groupe, qui, malgré les dangers qu'ils couraient à Paris, n'ont pas hésité à risquer leur vie pour le salut de Paris et du pays.

A. DE LA BILETTE.

Loin de nous toute vaine jalousie, je ne m'arrêterai pas dans le but de nous grandir, à critiquer le corps du général de Cathelineau qui s'est toujours montré brave, alerte, pendant la campagne, mais qui, le général l'avouera, n'a pas eu l'occasion de donner autant que le nôtre, ni éprouvé autant de fatigues, et n'a pas essuyé autant de pertes.

Je compte plusieurs amis aux Vendéens, j'ai été à même d'apprécier leur valeur, leur dévoûment, mais j'aurais cru manquer à mon devoir si j'avais laissé passer sans réplique le jugement mal fondé du général et ses idées prévenues dans un ouvrage fort bien écrit du reste. Je ne suis point un ingrat, j'ai combattu dans les rangs des Bretons ; partout sur leur passage, pendant cette longue et pénible campagne, ils ont su mériter l'estime et l'affection des commandants supérieurs, qui ne leur ont pas ménagé la tâche et le péril ; je devais à la vérité le faible hommage de ma plume.

La Légion Bretonne s'est toujours montrée à la hauteur de sa mission ; jamais une déprédation quelconque dans ce long parcours de la France ; elle avait le sentiment du devoir et de la dignité.

Voici comment, du reste, M. l'intendant en chef Marinus apprécie notre corps, dans son rapport du 31 janvier 1871 :

Le corps des francs-tireurs bretons, commandé par le colonel Domalain, formait pour ainsi dire un corps d'armée indépendant qui, sous le commandement de son chef habile, se transportait partout où il y avait à faire preuve de courage, je dirai même de témérité.

Il serait à souhaiter que notre armée eût toujours eu dans ses rangs la discipline, le patriotisme, l'audace que l'on observait dans les troupes du colonel Domalain ; nous n'aurions pas eu à regretter les malheurs qui nous accablent aujourd'hui.

Vos ambulances, Messieurs, ont eu à soigner plusieurs blessés du corps des francs-tireurs bretons, et ceux-ci n'avaient qu'une seule pensée, c'était de guérir au plus tôt pour rejoindre leur colonel qui, disaient-ils, les conduirait à une victoire certaine.

Si je n'étais convaincu de remplir ici un devoir, je craindrais d'être accusé de réclame ; mais tous ceux qui ont assisté aux batailles qui ont eu lieu sur la Loire, et notamment à Gien, vous diront de quel secours a été la Légion Bretonne, ils vous diront de combien je ne dirai pas d'heures, mais de jours, le colonel Domalain a retardé l'arrivée des Prussiens dans cent localités différentes, et comment au péril de ses jours, il a cent fois protégé la retraite de nos troupes.

Je conçois que le général de Cathelineau ait pu

trouver sous sa plume l'expression peu gracieuse de « *tour de Babel*, » il était sous l'impression pénible des déboires du camp de Rambouillet, où, Dieu sait s'il s'est rencontré, au grand découragement des officiers, un mélange indomptable, impossible; je ne veux pas rouvrir une plaie, mais que le général de Cathelineau me permette d'oser lui dire en terminant, avec toute la déférence et l'attachement que je lui dois pour son cœur, son aménité, son dévoûment paternel à ses soldats, que, si j'avais à choisir entre les deux « *tours de Babel*, » c'est la première que je préférerais sans un instant hésiter.

Lucien Baulmont,
Ex-lieutenant à la Légion Bretonne,
Ex-capitaine commandant la 2e compagnie des volontaires bretons
(Division de Cathelineau),
au camp de Rambouillet.

Paris, le 10 août 1871.

PARIS. — IMP. VICTOR GOUPY, RUE GARANCIÈRE, 5.

www.ingramcontent.com/pod-product-compliance
Ingram Content Group UK Ltd.
Pitfield, Milton Keynes, MK11 3LW, UK
UKHW012115240726
13965UKWH00004B/1787